✶ ✦ Tu aimes ce Petit Oracle ? ✦ ✶

N'hésite pas à le faire savoir en me laissant un commentaire, en partageant tes tirages et/ou tes photos sur les réseaux sociaux. Ton avis participe à la visibilité de mes créations et m'aide à t'en proposer des nouvelles où je continue à te partager ma sensibilité, mes connaissances et mes expériences pour t'accompagner quand tu en ressens le besoin.

Merci. ✦

Eve K.

Prends le temps
de te connecter
à la Nature

ᚁ LE BOULEAU · B · BEITH

PRÉPARE-TOI AU COMMENCEMENT

Il est temps d'achever ce qui doit l'être et de te libérer de tout ce qui ne te sert plus. Un nouveau cycle s'amorce et tu dois pouvoir bâtir tes projets sur des fondations saines.

LE SORBIER · L · LUIS

FAIS PREUVE DE DISCERNEMENT

Refais le tour de la question. Écoute la voie de la raison et celle de ton intuition. Observe et prends les faits pour les faits. Une vision éclairée te permettra de te protéger et de te sentir en sécurité.

L'AULNE · F · FEARN

TA DÉTERMINATION EST TA MEILLEURE ALLIÉE

N'hésite pas à imposer tes limites personnelles. Garde ton pouvoir et ne cède pas face à la peur. Ta détermination te permettra de ne pas faillir face à l'adversité. Tu es capable de tout surmonter !

Le Saule · S · Saille

Que ton monde soit sensible

Ta sensibilité peut modeler ce que tu crées, car ce qui s'anime en toi se reflète à l'extérieur de toi. Si tu veux l'harmonie et l'amour, alors ressens l'harmonie et l'amour. La magie des émotions est puissante, crois-moi.

LE FRÊNE · N · NUIN

SOIS L'ARTISAN DE TA DESTINÉE

Si tu n'aimes pas ce que tu vis, alors change-le !
Tu as le pouvoir de modifier ta perception des situations afin que de tes nouvelles croyances puissent naître de nouvelles motivations. Forge ta destinée selon ta volonté.

ᚆ L'AUBÉPINE · H · HUATH

LIBÈRE-TOI DE CE QUI NE TE CONVIENT PAS

Au lieu de sortir tes épines, libère-toi de l'ancien pour que la nouveauté puisse éclore enfin. Tel l'arbre se dépouillant de ses feuilles mortes pour que de nouvelles puissent naître au printemps prochain.

LE CHÈVREFEUILLE · UI · UINLLEAN

APPRENDS À TE CONNAÎTRE

Explore les tréfonds de ton âme, va en quête de ce que tu ne connais pas encore. Fais la lumière sur tes réelles peurs et tes vraies motivations. Connais-toi pour dénouer sainement la situation.

LE GROSEILLIER · IO · IFIN

LAISSE PASSER LA TEMPÊTE

Ne redoute pas les tempêtes. Le vent emporte ce qui n'a plus lieu d'exister et la pluie dégage les sols encombrés. Demain, sur des bases saines et purifiées, la paix pourra à nouveau s'installer.

LE MILLEPERTUIS ◇ MÉLANCOLIE

Pour t'extraire de la mélancolie, imprègne-toi de la puissante énergie du vivant. Cette force de vie est en tout lieu et s'exprime dans la joie. Sers-t'en pour que cette tristesse devienne une fugace passagère.

L'ORTIE ◇ SENSATION

Sois à l'écoute de tes sensations. Que te dit ton corps ? Que te racontent tes émotions ? Là est ta réponse. Si les deux s'opposent, abandonne ta première impression et découvre ce qu'il s'y cache.

L'Esprit de la Pluie

MAGIE DE L'EAU • LIBÈRE-TOI

Viens danser sous mes eaux. Hurle au temps ce que tu ressens. Raconte-moi ta colère et ta peine pour libérer ton cœur gros. Bientôt, tes émotions seront une source inépuisable d'inspiration.

Le Hêtre · Ai · Phagos

IL N'Y A PAS DE RENOUVEAU SANS FIN

Ne t'accroche pas aveuglément à tes désirs. Bien d'autres, plus à même de te réjouir, te sont disponibles. Accueille le changement. Un nouveau monde au champ des possibles bien plus vaste t'attend.

LE SUREAU · R · RUIS

INSTAURE LA PAIX

Abandonne ton ego, accepte tes erreurs et fais la paix avec ce qu'il s'est passé. En renonçant à tous ces aspects, tu fais honneur à ta dignité. Sois-en assuré, tu en récolteras d'innombrables bienfaits.

LA MENTHE ◇ CONCENTRATION

Tu as besoin de toutes tes facultés intellectuelles. Tu dois te concentrer sur ton objectif sans être perturbé. Éloigne-toi des distractions, et tais ce vacarme intérieur. Tu vas y arriver.

Le Druide

INITIE-TOI À LA SAGESSE

La connaissance de soi est un grand pouvoir. Alliée aux savoirs de la nature, tu y trouveras réponses et richesses. Explore-toi, apprends du vivant, va en quête d'une nouvelle conscience pour y puiser ta sagesse.

L'AIGLE

VÉRITÉ

Un esprit vif délié de sensibilité est un esprit aride.
Fais preuve d'une intelligence sensible et émotionnelle.
Tu accèderas ainsi à la vérité et comprendras
les lois divines en jeu dans ta situation.

L'ours

STABILITÉ

Suis ton instinct et, dès que les circonstances le nécessitent, ressens en toi cette force calme capable d'affronter tous les dangers. Sans peur, sans tourment, sois le guerrier de ta destinée.

L'Esprit du Vent

Magie du souffle • Éloigne-toi

Écoute mon chant protecteur gronder dans les feuillages et faire trembler les branchages. Utilise-moi par des mots puissants pour emporter loin de toi ce qui pourrait être blessant. Demain, enfin, tout ira bien.

L'Esprit du Brouillard

MAGIE DE L'EAU ET DE L'AIR • ARRÊTE-TOI

J'interviens en chemin quand tu vas trop loin. Je freine les esprits brumeux pour leur éviter peines et sentiers dangereux. Arrête-toi. Je me dissiperais quand tu auras gagné en clarté.

L'Esprit des Étoiles

MAGIE DU CIEL • IMAGINE-TOI

Je connais le rythme des saisons et les secrets de ce qui sera et de ce qui a été. Je peux te conter la nuit des temps ou les jours suivants. Si tu m'observes bien, demain, tu sauras ce qu'il en sera réellement.

L'Esprit du Soleil

MAGIE DU FEU • REVITALISE-TOI

Je réchauffe, transforme et revigore. Laisse-moi te caresser quelques heures pour te transmettre mon énergie. C'est avec une motivation et une envie renouvelées que tu pourras alors reprendre tes projets.

L'ESPRIT DE LA LUNE

MAGIE DE LA LUNE • IL EST TROP TÔT

Ressens les rythmes, pressens la juste cadence.
Tu le sais, tu le sens, il y a un temps pour chaque lune :
méditer, préparer, commencer, stabiliser, nettoyer et
remercier. Prends le temps pour chacune d'elles.

LE CHIEN

LOYAUTÉ

Définis clairement tes valeurs et engage-toi à les honorer. Quelles que soient les circonstances, défends-les. Tu te dois d'être ton ami le plus fidèle et le plus loyal. Tes valeurs sont sacrées, respecte-les.

Le Phoque

Choix

Tu ne peux rester indéfiniment entre deux mondes. Ressens au cœur de ton être celui qui saura joliment retentir. La voie qui te met en joie est toujours le meilleur des choix.

Le Chat

CONTEMPLATION

À patte de velours, installe-toi confortablement et, sans préjugés, contemple ce qui se trame autour de toi. Ton sens de l'observation te permettra d'en apprendre bien plus sur la situation.

LE CORBEAU

GUÉRISON

Tout comme mon sombre plumage se nacre de couleurs à la lumière, éclaire ta part d'ombre. Vois comme toutes tes nuances peuvent se compléter pour révéler leur beauté au lieu de s'opposer. Aime-toi dans ta totalité.

Le Troglodyte

ILLUSION

Méfie-toi des apparences, les circonstances ne sont pas celles que tu crois. Avant toute chose, va au-delà du paraître, gratte sous le vernis, bas les masques, cela t'évitera les désillusions.

Le Taureau

IMPULSION

Qu'est-ce qui te motive ? Une fois que tu auras la réponse, saisis ta première impulsion pour te mettre en action. Sers-toi de cet élan d'enthousiasme pour te mettre immédiatement en marche vers ton objectif.

LE PIN · A · AILM
PRENDS DU RECUL

Pas de précipitation. Avant toute action et décision, il est indispensable que tu aies une vision plus large de la situation. Prends de la distance afin d'affiner ta compréhension. Bientôt, tu sauras pourquoi.

L'AJONC · O · ONN

RASSEMBLE DE NOUVELLES IDÉES

L'inspiration est là tout autour de toi. Élargis ton horizon. Ouvre-toi à la magie de la vie, contemple son infinie richesse. Tu y découvriras des informations, des idées et des solutions. Note-les, tu en auras besoin.

LE CYGNE

GRÂCE

Il n'y a pas de fautif, ce dialogue ne mène à rien. Abandonne l'orgueil et concentre-toi sur l'essentiel. Si tu veux que la grâce t'effleure, élève tes pensées et tes émotions. Élève-toi au-dessus de la situation.

LA BRUYÈRE · U · UR

CROIS EN TA CHANCE

En reconnaissant les présents que t’offre la vie en toutes circonstances, tu pourras reconnaître les nouvelles opportunités qu’elle t'offre aussi. La chance est une amie sincère souriant aux optimistes.

Le Peuplier · E · Edad

FAIS ÉVOLUER LA SITUATION

Qu'elles qu'en soient les raisons, tu as plus à gagner à te remettre en mouvement que de rester dans un état qui ne te satisfait nullement. Reprends le flow, va de l'avant, recrée l'équilibre qui te fait défaut maintenant.

L'IF • I • IDHO

RÉINVENTE-TOI

Tu es sans cesse en devenir. Tu n'es plus ce que tu as été.
Demain, tu seras ce nouvel être, empli de désirs neufs
et de jeunes espérances, qui ne demande qu'à naître.
Ose te réinventer, tu ne ne le regretteras pas.

LE TREMBLE · EA · EBHADH

SI TU PEUX LE FAIRE, TU PEUX LE DÉFAIRE

Tu as toujours le pouvoir de décider du devenir des situations que tu cocrées. Aussi, sans trembler, ose le dialogue. Tu sauras trouver les justes mots pour la dénouer, la sublimer ou l'annihiler.

LE GUI ◇ FERTILITÉ

Définis clairement la direction que tu veux prendre et consigne tes idées, tes intuitions et tes rêves dans un carnet.
Bientôt, tu comprendra comment les utiliser pour organiser un projet.

L'ARMOISE ◇ DIVINATION

Apaise ton mental et chasse toutes turbulences émotionnelles afin de percevoir les signes que tu reçois. Ils se manifestent en toi, autour de toi et dans tes rêves. Tu sauras alors quoi faire.

L'OVATE

DEMANDE À L'ESPRIT DU VENT

Trouve 3 feuilles mortes et inscris, sur chacune d'elles, le premier mot qui te vient à l'esprit. Laisse le vent les emporter. Le mot qui revient au plus près de toi est l'augure que l'Esprit du Vent t'offre en réponse.

LE PRUNELLIER · STR · STRAIF

IL Y A MIEUX POUR TOI

Malgré tes efforts, certaines choses ne fonctionnent pas.
Tout comme les épines t'obligent à trouver un autre accès,
la vie t'oriente vers une voie bien meilleure.
Ne résiste plus et fais confiance à sa magie.

L'ACHILLÉE MILLEFEUILLE ◇ ÉNERGIE VITALE

Éloigne-toi des situations et personnes toxiques, elles te vident de ton énergie vitale. Repose ton corps et ton esprit pour recharger tes batteries. Prochainement, tu vas en avoir besoin.

Le cycle perpétuel

RECOMMENCE

Tout se meurt et tout renaît. Ne sois pas découragé ou attristé. Demain, hier et aujourd'hui sont des éternels retours. Si ça n'a pas fonctionné, tu peux toujours recommencer.

L'AWEN

TROUVE TON INSPIRATION

Ressens le cœur du monde. Laisse-toi transcender par chacun de ses battements. Ressens sa puissance jusqu'au creux du ventre. Laisse cette force créatrice t'enivrer car, bientôt, tu sauras l'exprimer.

Le Nemeton

RECENTRE-TOI

Concentre tes sens, tes forces et tes talents au creux de ton être. De ta tête au cœur, de ton âme au corps, ces énergies se doivent de servir ton ambition. Ainsi naîtra de ta magie sa matérialisation.

La Nwyvre

TROUVE L'ESSENTIEL

En chaque chose, cherche l'essentiel. Demande-toi ce qu'il manque pour que ce projet puisse se matérialiser. Qu'est-ce qui pourrait l'animer et le faire devenir réalité ? Voilà ta nouvelle quête.

LE FUSAIN · OI · OIR

N'AIE PAS PEUR DES PRISE DE CONSCIENCE

Ta conscience s'élève et le désordre qu'elle entraîne t'offre l'opportunité de créer une nouvelle harmonie. Ne sois pas effrayé pas cette phase de transition. Le chaos précède toujours un nouveau monde.

LA MATRICAIRE ◇ NAISSANCE

Qu'as-tu porté ces derniers temps ?
As-tu pris soin de tes projets ?
L'heure de la naissance approche.
Sois fier de ce que tu as accompli.

LA FOUGÈRE · NG · NGETAL

CE QUE TU SÈMES VA POUSSER

Fais en sorte que tes actes et tes paroles soient en accord avec tes pensées. Ce que tu sèmes va prendre de l'ampleur, aussi assure-toi de planter les graines de ce que tu veux voir émerger dans ta vie avec honnêteté.

LE LIERRE · G · GORT

TU N'ES PAS SEUL

Nous avons tous besoin des conseils et du soutien de ceux qu'on aime. Ne t'isole pas. Laisse tes proches t'envelopper de bienveillance. Témoigne-leur ta confiance autour de quelques confidences.

LE SAUMON

AGILITÉ

Au lieu de les affronter, utilise les courants contraires en ta faveur. À bien y réfléchir, cette difficulté apparente ne pourrait-elle pas te servir ? Garde une souplesse d'esprit pour accueillir cette nouvelle inspiration.

Le Cerf

DIGNITÉ

Sois digne de tes choix et, avec assurance, fais ce qu'il se doit. Tout peut être dit, tout peut être fait, avec calme et sérénité, lorsque le respect guide les âmes de bonne volonté.

LE BARDE

CONTE-TOI TA LÉGENDE PERSONNELLE

Tu es le maître de ton histoire. Grave tes exploits et tes combats dans ta mémoire. Quand tu doutes de toi, conte-toi les obstacles que tu as déjà affrontés et ô combien de défis tu es capable de relever.

LE CHÊNE · D · DUIR

FAIS PREUVE DE MATURITÉ ET D'ENDURANCE

Si les circonstances font obstacle à ton souhait, c'est pour mieux éprouver ta volonté. Si ton cœur danse encore à l'idée de le réaliser, à force d'endurance et de pragmatisme, tu vas l'exaucer.

LE HOUX · T · TINNE

CHOISIS SOIGNEUSEMENT TES COMBATS

Ne gaspille pas ton feu intérieur en des colères et des passions vaines qui vont te consumer. Toutes les batailles ne méritent pas d'être engagées. Choisis tes combats et mets ton ardeur au service des justes causes.

Le Mûrier · M · Muin

Choisis tes priorités

Ne te disperse pas. Demande-toi si tes élans sont vraiment sincères et accorde exclusivement de ton énergie et de ton temps à la réalisation de tes désirs les plus chers.

LE NOISETIER · C · COLL

ACCÈDE À TA SAGESSE INTÉRIEURE

Ne laisse pas ton mental et les opinions des autres t'influencer. Fouille dans tes expériences passées pour comprendre ce que tu vis. Au fond de toi, tu connais déjà la réponse. Écoute ta voix intérieure pour te guider.

LE POMMIER · Q · QUERT

CRÉE L'ABONDANCE

Insuffle de la beauté dans chacun de tes actes et de tes choix. Crée l'harmonie autour de toi. Quand le cœur est à l'ouvrage, l'abondance est toujours sa récompense.